LES

FEMMES COLÈRES,

DIVERTISSEMENT EN UN ACTE, EN PROSE MÊLÉ DE VAUDEVILLES.

PAR MM. DUPATY, MOREAU ET FRANCIS.

Représenté pour la première fois à Paris, sur le Théâtre du Vaudeville, le 22 pluviôse an 13. (11 février 1805).

Prix : 24 sous.

A PARIS.
Chez Mme. MASSON, Libraire, Editeur de pièces de théâtre, rue de l'Echelle, N. 558, au coin de celle St.-Honoré.

AN XIII. — 1805.

PERSONNAGES.	ACTEURS.
CASSANDRE, Luthier.	M. Chapelle.
COLOMBINE, sa Pupile.	Mlle. Minette.
GILLE, son premier Garçon.	M. Fichet.
ARLEQUIN, Accordeur d'Instr.	M. Laporte.
HONORINE, Propriétaire de la maison de Cassandre.	Mme. Belmont.
EMILIE } femmes colères corrigées.	Mlle. Delisle.
ROSE } femmes colères corrigées.	Mme. Dorsan.
LAURE } femmes colères corrigées.	Mlle. Desmares.
HYPOLITE } leurs maris.	M. César.
EMILE } leurs maris.	M. Carles.
SAINVILLE } leurs maris.	M. Saint-Albin.
Une Marchande de Modes.	Mlle. Bodin.

COUPLET D'ANNONCE.

AIR : *R'lan tamplan*, etc.

LES femmes, depuis longtems,
En plein plan,
R'lan tamplan tire li ramplan,
Sur des Théâtres brillans,
Se mettent en colère.
Puisque leur caractère
Partout a su vous plaire,
Nous les amenons céans,
En plein plan,
R'lan, etc.
Contre leur emportement
Montrez-vous peu sévère,
Et pour nous satisfaire,
Messieurs, que la colère
N'aille pas en ce moment,
En plein plan,
R'lan, etc.
N'aille pas en ce moment,
Gagner jusqu'au Parterre.
D'une humeur débonnaire
Puissiez-vous, au contraire,
Accompagner vivement,
En plein plan,
R'lan, etc.
Un Sexe toujours charmant,
Même dans sa colère.

LES
FEMMES COLÈRES,
DIVERTISSEMENT EN UN ACTE, EN PROSE.

La scène est chez M. Cassandre, à Paris, dans un salon garni d'instrumens de musique.

SCENE PREMIERE.

ARLEQUIN (*seul*).

Ferai-je ce mariage, ou ne le ferai-je pas? . . avec les femmes, il y a quelques fois de très-bonnes raisons pour ne pas les épouser, et presque toujours des raisons meilleures encore pour les épouser. . .

AIR : *Daignez m'épargner le reste*

D'un côté, je vois le plaisir,
De l'autre, tourmens et contrainte,
Je suis pressé par le desir,
Je suis retenu par la crainte.
Je puis m'épargner un chagrin,
Mais pour moi quel fâcheux martyre,
En renonçant à cet hymen,
Si j'évite ce que je crains,
Je perds tout ce que je desire,

Ma situation est très-embarassante ... Je meurs déjà d'amour, si j'épouse colombine, elle me fera mourir de chagrin, et si je ne l'épouse pas, le chagrin me fera mourir. . . Mourir pour mourir, j'aime mieux épouser. . . D'ailleurs, M. Cassandre, tuteur de Colombine, est un des luthiers de Paris les plus recommandables, ses flûtes et ses mandolines ont une réputation très-étendue, ses trombones font un bruit du diable; je suis son accordeur et quelque jour il me laissera son établissement . . . Justement le voici . . .

SCENE II.

ARLEQUIN, CASSANDRE.

CASSANDRE.

Eh! bien mon cher Arlequin, je viens savoir si tu as pris ton parti?

ARLEQUIN.

Il est pris ; et définitivement, j'épouse . . . . .

CASSANDRE.

Ah ça entendons-nous bien ; je ne veux pas avoir de reproches après le mariage ; je ne t'ai pas caché que Colombine avait de très-grandes dispositions à la colère.

ARLEQUIN.

Elle ne me l'a pas caché non plus . . .

CASSANDRE.

Je t'ai dit là-dessus tout ce que je pouvais te dire.

ARLEQUIN.

Elle m'a prouvé là-dessus tout ce quelle savait faire.

CASSANDRE.

Il y a des parents qui ne t'auraient instruit de cela que le lendemain de la noce.

ARLEQUIN.

C'est vrai.

AIR : *Vaudeville d'Arlequin musard.*

A Paris cest assez l'usage
On dissimule en pareil cas,
C'est une conduite fort sage
Pour celles qui ne le sont pas.
La prudence qui nous conseille
Ferait manquer plus d'un hymen,
Si le mari savait la veille
Tout ce qu'il sait le lendemain.

CASSANDRE.

J'espère que ce que vous savez ne vous empêchera pas d'épouser ma pupille.

ARLEQUIN.

Non Monsieur Cassandre, je vous le promets . . . Mais d'où lui vient donc ce penchant à la colère.

CASSANDRE.

Mon ami, c'est dans le sang.

AIR : *On dit que dans le mariage.*

Fille de cette Colombine
D'un caractère assez taquin,
Qu'on vit dans son humeur mutine
Soufletter même un mannequin.
Auprès de son amant
Il n'est pas étonnant,
Qu'elle montre du goût pour faire
Tout comme a fait (*bis*) sa mère.

ARLEQUIN.

D'après cela M. Cassandre, est-ce que je ne cours pas quelques risques . . . . .

CASSANDRE.

Cela ne doit pas t'effrayer.

Air de Calpigi.

Vas ce défaut dont tu la blames
Est un bon signe chez les femmes :
Leur couroux prouve, mon ami,
Qu'elles n'aiment pas à demi. (*Bis.*)

ARLEQUIN.

Si l'amour se prouve à bien battre,
A bien faire le diable à quatre,
Combien de femmes, à Paris,
Qui sont folles de leurs maris. (*Bis.*)

CASSANDRE.

Il y a de la ressource : quand tu seras son époux, tu la corrigeras.

ARLEQUIN.

Je ne m'y fierais pas. Corrigeons-là tout-de-suite Il vaut mieux n'épouser qu'après.

CASSANDRE.

C'est toujours plus prudent... Justement on parle dans ce moment d'une manière excellente de corriger les femmes.

ARLEQUIN.

Si la méthode est bonne, je parie que l'inventeur fera sa fortune..... Et quelle est donc cette jolie recette?....

CASSANDRE.

Il ne s'agit que d'opposer à ces dames le défaut même qu'elles ont.

ARLEQUIN.

Ah, j'entends! c'est-à-dire que si une femme est gourmande, il faut être deux fois plus gourmand qu'elle.

CASSANDRE.

Précisément.

ARLEQUIN.

J'aime assez ce moyen-là : si elle est avare, on lui refuse tout; si elle est prodigue, on ne se refuse rien; si elle laisse un homme courir après elle, on court après toutes les femmes, et si elle est colère.....

CASSANDRE.

On fait en une heure dix fois plus de tapage qu'elle n'en peut faire en un jour.

ARLEQUIN.

C'est difficile.

CASSANDRE.

Le moyen est sûr : il a réussi partout. Et depuis les Spartiates.....

ARLEQUIN.

Mais c'est un moyen renouvellé des Grecs.

CASSANDRE.

Que veux-tu : il n'y a plus de neuf que ce qui est vieux.

SCENE III.

LES MÊMES, GILLES.

GILLES.

Ah ! M. Cassandre, vous allez bien rire... Tout est sans dessus dessous chez mademoiselle Colombine.

CASSANDRE.

Que veux-tu dire ?

ARLEQUIN.

Explique-toi vite.

GILLES.

Elle vient de se mettre dans la colère la plus comique.

ARLEQUIN.

Et contre qui ?

GILLES.

AIR. *Contredanse de Hullin.*

Vous savez bien qu'en se levant,
Colombine est d'humeur sévère :
En se levant elle reprend
L'humeur qu'elle eût en se couchant.

Moi, je ne songe au contraire
Qu'à rire à me réjouir ;
Et des autres la colère
Ne sert qu'à me divertir.

Ce matin j'apportais gaiment
Son caffé, comme d'ordinaire,

Je le renverse en l'apportant,
Elle s'emporte au même instant.

Quoi ! lui dis-je, point de trêve ;
Dès le matin, que de bruit !
Je gage que même en rêve,
Vous grondez quelqu'un la nuit.

A ce mot, tant soit peu malin,
Un dépit tout nouveau l'inspire,
Et pour me souffleter soudain,
Elle lève sur moi la main.

Je suis peu fait, je l'avoue,
A recevoir cet affront,
Et pour préserver ma joue,
Je baisse aussi-tôt le front.

Mais sur votre bureau dressé,
Ce beau Magot qui se dandine,
Aussi-tôt que je suis baissé,
Devant le coup se voit placé.

Balançant toujours sa mine,
Sans partager mon effroi,
Votre Magot de la Chine
Reçoit le soufflet pour moi.

Etourdi par un pareil coup ;
Bien malade, comme on devine,
Il tombe en éclats tout-à-coup.
Ne croyez pas que ce soit tout.

Dans un bol de porcelaine
Le Magot va se noyer ;
En tombant, le bol entraine
Le cabaret tout entier.

Ne connaissant plus aucun frein,
Elle nous fait scène sur scène,
Et va briser, dans son chagrin,
Tout ce qui tombe sous sa main.

Le perroquet s'effarouche,
Le chien fuit en aboyant,

Le chat même prend la mouche :
C'était un sabat charmant.

Cet événement m'a fait voir
A quel point la femme
S'enflame,
Puisqu'elle a, dans son désespoir,
Brisé jusques à son miroir.

CASSANDRE.

Oh ciel! mon beau magot!.... Pourquoi t'es-tu baissé, coquin? Il fallait recevoir le soufflet.

GILLES.

Ma foi! magot tant que vous voudrez, j'aime mieux que l'autre l'ait reçu que moi..... Mais à propos, j'oubliais de vous dire qu'il vous est arrivé de l'ouvrage..... On vient de monter au magasin plusieurs instrumens qu'il faut racommoder tout-de-suite.

CASSANDRE.

Et qui me les envoie.

GILLES.

Trois dames qui viennent de se mettre en ménage.

AIR : *Je vois toujours la même chose.*

L'une d'elle brisa d'abord
Sa guittare dans son délire.
En voulant la mettre d'accord,
La seconde brisa sa lyre.
L'autre brisa, dans son courroux,
Sa harpe sans aucune cause.

CASSANDRE.

Mais elles ont donc, entre nous,
Fait toutes trois la même chose.

ARLEQUIN.

Cela n'est pas étonnant, trois nouvelles mariées.

GILLES.

Ah ça, n'oubliez pas non plus d'arranger le piano de cette dame j'ordonne, propriétaire de votre maison; elle viendra peut-être le chercher ce matin, et vous savez qu'elle n'entend pas raison, celle-là..... c'est la mère à toutes les femmes colères.

CASSANDRE.

Montons vîte au magasin. Et toi, mon ami, du courage, je vais t'envoyer Colombine.

AIR:

AIR : *Allons aux Prés Saint-Gervais.*

Allons, mets-toi bien en train,
Efforce toi d'être colère ;
Pour n'en pas faire après l'hymen,
D'avance ici, fais bien du train.

GILLES.

Sans crainte auprès d'une belle,
On peut faire un grand fracas,
Bien sûr qu'en faire autant qu'elle
Ne se peut pas.

ENSEMBLE.

Allons, etc.

(*Cassandre et Gilles sortent.*)

SCENE IV.

ARLEQUIN (*seul*).

C'est décidé, cherchons un bon motif pour nous mettre en colère... Le train qu'elle vient de faire... C'est cela... Non pas... Tant que je ne suis pas son mari, le dégat qu'elle fait dans la maison ne regarde que M. Cassandre. Cherchons quelque chose qui me regarde personnellement..... Figurons-nous qu'un rival lui fait la cour... Je ne dois cependant pas me fâcher pour cela..... puis-je la blâmer de plaire quand je ne puis cesser de l'aimer ..... C'est égal, supposons qu'elle a dit bon-jour à ce rival..... Cependant, bon-jour est une politesse qu'on ne peut refuser à personne..... Ce n'est pas encore assez... Supposons un rendez-vous avec ce rival..... Sangodemi ! là-dessus, par exemple, je ne puis pas me dispenser d'être furieux.....

AIR : *N'en demandez pas davantage.*

Supposons qu'à ce rendez-vous,
De son cœur il lui fait l'hommage,
Et supposons qu'à ses genoux,
De son amour il veuille un gage.
Supposons encor
Que tous deux d'accord.....
Non, non,
N'en supposons pas d'avantage.

Je le surprends à ses genoux ; là, je ne suis plus le maître de moi ; je fais un tapage de tous les diables...

Je renverse les chaises, les tables ; je tire ma batte... Comme je dois être bien..... Ah ! si elle arrivait maintenant, comme je la traiterais.

SCENE V.

ARLEQUIN, COLOMBINE (*au fond*).

COLOMBINE (*à part*).

De qui parle-t-il ?

ARLEQUIN (*sans la voir*).

Comme je lui dirais : ingrate maîtresse, perfide Colombine.

COLOMBINE.

C'est de moi qu'il parle.

ARLEQUIN (*sans la voir*).

Quel est donc le prix de tant d'amour ?

COLOMBINE (*lui donnant un souflet*).

Le voilà.

ARLEQUIN.

Qu'est-ce que c'est donc que ça ?

COLOMBINE.

Ce n'est rien, monsieur.

ARLEQUIN.

J'ai cru pourtant que c'était quelque chose.

COLOMBINE.

Que faisiez-vous donc là, monsieur ?

ARLEQUIN.

Ce que je faisais ?.... (*A part.*) Ne nous refroidissons pas... Elle vient de me donner un soufflet, et cela doit suffir pour m'irriter... Montrons-nous... (*Haut.*) Mademoiselle.....

COLOMBINE.

Plait-il, monsieur.

ARLEQUIN.

Eh bien, le soufflet n'opère pas du tout..... Cela n'est pas étonnant, elle m'y a tellement habitué..... C'est égal, reprochons-lui tous ses défauts :

AIR : *Une Fille est un Oiseau.*

Blâmerai-je son maintien,
Elle a trop bonne tournure ;
Blamerai-je sa figure,
Non, sa figure est trop bien.
Je veux gronder, mais je n'ose,

À mon courroux tout s'oppose ;
Et quand je cherche une cause,
Pour me fâcher en ce jour,
Loin d'augmenter ma colère,
J'en trouve mille au contraire,
Pour augmenter mon amour.

COLOMBINE (*à part*).

Voyez seulement s'il me parlera ; il aime mieux se parler tout seul..... (*Haut.*) Que dites-vous donc là, monsieur?

ARLEQUIN (*à part*).

Allons, du courage!.... (*Haut.*) Ce que je dis, mademoiselle ! Apprenez que c'est à mon tour à présent ; sachez que j'ai le même défaut que vous, que je suis colère aussi, moi.....

COLOMBINE.

Paix, monsieur.

ARLEQUIN.

Je me tais Mademoiselle.

COLOMBINE.

Je vois votre projet.

ARLEQUIN.

Mais ma bonne amie, c'est pour te corriger ce que j'en fais.

COLMBINE.

Me corriger.

AIR : *du vaudeville de l'asthenie.*

Assez souvent hors de propos
On aime à corriger les autres,
Vous voyez fort biennos défauts
Mais vous ne voyez pas les vôtres
Que de critiques aujourd'hui
S'érigeant en censeurs suprêmes,
Avant de corriger autrui
Devraient commencer par eux mêmes.

ARLEQUIN.

Eh bien je ne dis plus môt.

COLOMBINE.

Vous ne trouverez donc jamais le secret de me plaire?

ARLEQUIN.

Mais c'est très-dificile. Quand je veux me fâcher cela vous fâche ; vous vous fâchez quelques fois de ce que je ne me fâche pas . . . Je ne sais comment il faut s'y prendre Pour ne pas vous fâcher, et près de vous de peur de mal parler, ce que je trouve de mieux à dire c'est de me taire.

COLOMBINE.

Vous taire ! Allez Monsieur, votre silence, vos discours, vos emportements, vos froideurs, vos vivacités, votre tranquillité, votre tristesse, votre gaité, tout cela commence à me lasser, et je ne vous pardonnerai que lorsque vous serez corrigé de tout cela.

ARLEQUIN.

Eh bien, ma bonne amie, je tombe à vos genoux, pardonnez moi ce que j'ai fait, ce que je n'ai pas fait, ce que j'ai dit, ce que je n'ai pas dit, ce que je ferai, ce queje ne ferai pas, et raccommodons nous.

GILLES (*dans le fond, à part*).

Que vois-je au lieu de la gronder, il est à ses genoux.....

COLOMBINE.

Adieu Monsieur ; ne vous présentez pas devant moi que vous ne soyez tout-à-fait changé. (*Elle sort en menaçant Gilles*).

SCENE VI.

ARLEQUIN, GILLES.

ARLEQUIN *toujours à genoux.*

Tout-à-fait changé ! il faut que les femmes aiment bien le changement. Oh ! je suis d'une colère de n'avoir pas pu me mettre en colère. mais le courage me revient à présent et le premier ..... (*Il donne de sa batte à Gilles*).

GILLES.

Prenez donc garde à ce que vous faites.

ARLEQUIN *tranquillement.*

Ah ! c'est vous mon ami. Vous me voyez dans une fureur !....

GILLES

Calmez vous ! je vous annonce de la compagnie. Deux de ces dames qui viennent voir si leurs instrumens de musique sont raccommodés.

ARLEQUIN.

Comment déjà.

GILLES.

M. Cassandre ne sait plus où donner de la tête. Sa pupille d'un côté, les instruemens de l'autre. Ces dames sont pressées, il ne se presse plus guères. Vous êtes un jeune homme, un joli garçon, faites lui le plaisir de les recevoir et de tâcher de leur faire prendre patience.

ARLEQUIN.

Ce ne sera peut-être pas facile.

GILLES.

Il est bien fâcheux que je ne puisse pas rester là, mais je reviendrai les voir. (*Il sort*).

ARLEQUIN.

Ah! mon dieu, je crois quelles se disputent déjà.

SCENE VII.

ARLEQUIN, ROSE, ÉMILIE.

ÉMILIE (*en déhors*).

Je vous demande bien pardon madame, je suis partie la première et je dois passer avant vous.

ROSE.

J'en suis bien fâchée madame, mais je vous ai devancée et vous aurez beau dire vous ne passerez qu'après moi.

ARLEQUIN.

Allons mesdames chacune à son tour, je suis l'accordeur de M. Cassandre et chargé de vous recevoir.

LES DEUX FEMMES.

C'est bon Monsieur c'est bon.

ARLEQUIN (*à part*)

Oh! comme elles sont jolies toutes deux.

ROSE.

Ainsi madame je vous verrai donc toujours sur mon passage?

EMILIE.

Vous voudrez donc toujours passer avant moi?

ROSE.

Je prends Monsienr pour juge. En arrivant à Paris. je me présente rue Favart; j'y trouve madame, elle y faisait de la musique et je suis obligée de m'en aller. Vous avouerez qu'il est un peu désagréable lorsque l'on vient de loin . . . . .

ARLEQUIN.

Vous veniez donc de loin.

ROSE.

J'arrive de Flandre, en poste, dans l'espoir de me montrer au public avant madame.

ARLEQUIN.

Vous devez être un peu fatiguée,

ROSE.

Point du tout. Je suis maintenant de la société des infatigables, rue de Louvois, et je me félicite de m'être adressé là.

AIR : *de la sauteuse.*

Je puis chaque soir
Y voir
Brillante compagnie.
Un *vieux comédien*
Qui fait rire en faisant le bien,
Un *collatéral*
Joyeux héritier de Thalie,
Franc original
Qui pour plaire n'a pas d'égal.
Un *prédicateur*
Qui de mainte fille
Gentille,
Console le cœur
Ne pouvant leur rendre l'honneur.
Un charmant *musard*
Qui dès qu'il muse
Nous amuse
S'il fait tout trop tard
Son esprit n'est pas en retard
Par des tours piquans
On y vois *ruse contre ruse*,
Vieillard, *jeunes gens*
Y font gaîment passer le tems.
Un trésor
Encor
Y charme la foule arie,
Fixant mes destins
J'ai cherché là de bons voisins
Surtout quand j'ai vu
Que dans cette maison garnie,
Le *premier venu*
Se trouvait toujours bien reçu.

ARLEQUIN.

Qu'entends-je, quelqu'un nous arrive encore. C'est une jolie femme.

SCENE VIII.

LES MÊMES, LAURE.

LAURE.

Monsieur, la lyre que j'ai envoyé raccommoder ce matin est elle prête ?

ARLEQUIN.

Pas encore madame ; on s'en occupe, mais si vous voulez laisser votre àdresse . . . . .

LAURE.

Je reçois assez de visites pour que tout le monde la sache. Au reste monsieur : c'est rue de Richelieu.

ARLEQUIN.

Ah ! Je vois cela d'ici, vis-à-vis Rouget, le Pâtissier.

AIR : *Avec vous sous le même toît.*

A Paris toujours la beauté
Doit se trouver bien chez thalie
Le Regnard plaça la gaité
Molière plaça le génie
Dorat y guida les amours,
Et quoiqu'ils laissent peu de places,
Le temple s'entr'ouvre toujours
Pour qui sait y mener les graces.

EMILIE.

Tout comme il vous plaira, mais nous n'en sommes pas moins les premières venues.

LAURE.

Eh ! qu'importe

Même air.

Sans s'appauvrir par ses bienfaits
Un public équitable et sage,
Pour ceux qui ne viennent qu'après
Garde une part dans l'héritage.
Au parnasse en fait de lauriers,
La moisson est toujours nouvelle
Et c'est par fois pour les derniers
Que la récolte est la plus belle.

ARLEQUIN.

Vous l'avez prouvé..... Mais vous me paraissez fort bien logées toutes les trois : vous, rue Favart ; vous, rue de Richelieu, et vous, rue de Louvois.

ROSE.

C'est là que mon mari m'a donné, le lendemain même de ma noce, une leçon que l'on a vivement applaudie.

ARLEQUIN.

Qu'a-t-l donc fait pour cela ?

ROSE.

Il s'est mis dans une colère.....

LAURE.

Dès le lendemain.

ROSE.

Le lendemain même.

ARLEQUIN.

C'est bien prompt.

LAURE.

Mon cher Hyppolite, pour me corriger, a du moins attendu huit jours.

ROSE.

Mon cher époux n'en est pas moins un homme charmant.

LAURE.

Et le mien, donc ?

AIR : *C'est un Sorcier.*

Jamais on ne l'entend médire ;
Il n'est ni méchant, ni jaloux ;
Il ne se fâche que pour rire,
Aussi l'on rit de son courroux.

Sans raison, lorsque je m'emporte,
A son tour, bientôt s'emportant,
S'irritant
Et battant,
Sans sujets,
Ses valets,
Il met tout le monde à la porte,
Dans l'espoir d'être mieux servi.

ROSE.

C'est mon mari. (*Bis.*)

ENSEMBLE.

C'est mon mari. (*Bis.*)

EMILIE.

Eh bien mesdames, allez vous vous disputer pour une bagatelle ?

ARLEQUIN.

Une bagatelle un mari !

LAURE.

Madame je vous assure que c'est le mien que je vous ai dépeint, mon cher Hyppolite,

AIR.

AIR : *Comme j'aime mon Hyppolite.*

On connaît fort bien son époux
Huit jours après le mariage.

ROSE.

Je connais le mien meux que vous ;
Avant vous j'étais en ménage.

LAURE.

Mais, si le vôtre est fait ainsi,
Quelque puisse être son mérite,
On a donc fait votre mari
Comme on a fait mon Hyppolite.

ARLEQUIN.

Eh! mon-dieu, madame, ne savez-vous pas que tous les maris se ressemblent.

EMILIE.

Non, monsieur, car le mien diffère beaucoup de celui de ces dames.

ARLEQUIN.

En quoi donc ?

EMILIE.

Au lieu d'avoir été corrigée par lui, c'est moi qui l'ai corrigé lui-même.

ARLEQUIN.

Et comment donc cela?

EMILIE.

Pourmettre les hommes à la raison, nous autres femmes à caractère, nous n'avons qu'à vouloir.

AIR : *C'est le meilleur homme du monde.*

On me propose pour époux
Un homme impétueux, colère ;
Mais j'étais bien sûre, entre nous,
De dompter ce fier caractère.
Le premier jour, il est hautain ;
Il s'emporte, il tempête, il gronde ;
Il m'épouse, et, le lendemain,
C'est le meilleur homme du monde.

C'était un calme une tranquillité, je crois que je l'avais trop corrigé.

ARLEQUIN.

Vous n'étiez donc pas colère tout de bon ?

EMILIE.

J'ai fait semblant.

ARLEQUIN.

Ah ? je reconnais-là les femmes.

AIR : *Du partage de la richesse:*

Il faut rendre justice aux belles :
Chez ce sexe favorisé,

Les vertus seules sont réelles,
Tout défaut n'est que supposé.
Si l'on lisait bien dans leurs ames
Aisément on y pourrait voir
Qu'il n'est de défaut, chez les femmes,
Que ceux qu'elles feignent d'avoir.

EMILIE.

C'est très-galant. Mais, faites-moi le plaisir d'aller voir si ma harpe est arrangée.

ROSE.

Je ne puis attendre plus longtems.

LAURE.

Ni moi non plus.

ARLEQUIN.

J'y vais tout-de-suite. Donnez-vous la peine de vous asseoir... Oh! que c'est joli, des femmes corrigées. C'est que ça ne se voit pas tous les jours..... Allons vite presser M. Cassandre, et ramenons ici Colombine, pour lui prouver combien la douceur rend les femmes aimables.

SCENE IX.

ROSE, EMILIE, LAURE (*assises toutes trois, et très-près l'une de l'autre*)

ROSE (*à part*)

Maintenant que nous voilà seules, ne disons rien, car je sens que je pourrais m'emporter.

EMILIE (*à part*).

Contraignons-nous, et prouvons, quoiqu'on en dise, que des femmes peuvent rester ensemble sans se quereller.

LAURE (*à part*).

Gardons-nous bien de compromettre notre dignité, et n'entrons pas en dispute avec ces dames.

(*Après un moment de silence.*)

EMILIE (*à part*).

Il est pourtant bien cruel, pour des femmes, de rester sans rien dire.

ROSE (*à part*).

Ce n'est pourtant qu'en parlant, que je pourrai prouver que je suis douce.

LAURE (*à part*).

Si je me tais, on croira que je me contrains.

ÉMILIE (*à part.*)

Je crois qu'elles ont envie de parler aussi.

TOUTES (*après un moment de silence.*)

Mesdames . . . . .

TOUTES (*haut.*)

Plait-il madame.

ÉMILIE.

Il me semble que nous pourrions causer.

LAURE.

Très-volontiers.

ÉMILIE (*à part.*)

Moi qui fais semblant comme je veux, parlons leur avec amitié. (*elles se raprochent.*)

ROSE.

De quel objet causerons-nous.

LAURE.

De ce qui nous touche le plus.

ROSE.

De nos maris.

ÉMILIE.

Oui parlons de la correction, que le vôtre vous a donnée.

LAURE.

Je puis me flatter d'en avoir bien profité, jamais *leçon conjugale* n'eût un plus heureux succès.

ÉMILIE.

Je serais curieuse de savoir quelle est à présent la plus douce de vous deux.

ROSE.

Pas de doute ; c'est moi.

LAURE.

Je vous assure que c'est moi.

ÉMILIE.

Doucement, mesdames, doucement ; moi qui suis la douceur par excellence, je puis juger le différent.

ROSE.

J'espère que vous n'avez pas la prétention d'être plus douce que nous.

ÉMILIE (*très-haut.*)

Comment ! je ne suis pas plus douce que vous, moi qui ne me fâche que par raison.

LAURE.

C'est moi qui suis la plus douce.

ENSEMBLE (*elles se lèvent.*)

C'est moi vous dis-je. Je soutiens que c'est moi.

ÉMILIE.

Voyez donc, comme elles sont douces.

LAURE.

AIR : *Contredanse du diable à quatre.*

Si dans ce moment j'ai de l'humeur,
Et de la sorte,
Si je m'emporte,
C'est parce que j'ai vraiment à cœur
De prouver que j'ai de la douceur.

EMILIE.

Moi, je suis la raison même.

LAURE.

Je n'ai que trop de bonté.

ROSE.

La paix est mon bien suprême.

TOUTES (*très-fort.*)

J'aime la tranquillité.
Si dans ce moment, etc.

LAURE.

Chut ! . . J'entends sonner.

TOUTES,

Quest-ce que c'est ?

ROSE.

C'est cette femme dont on parle depuis long-tems. Je la reconnais, c'est madame Honorine, la propriétaire de la maison.

EMILIE.

« Elle a mis son bonnet de travers, ça ira bien. »

SCENE X.

LES MÊMES, HONORINE.

HONORINE.

Il y a t-il assez long-tems que je sonne ?

EMILIE.

Ces dames faisaient tant de bruit.

ROSE.

C'est madame.

EMILIE.

C'est toutes les trois.

HONORINE.

AIR : *Contredanse de l'été.*

Ces emportemens
Sont indécens.

Taisez-vous donc,
Car, sans raison,
Dans ma maison
Je ne ne veux pas qu'on se querelle.
Vous êtes chez moi,
J'y fais la Loi.
Nulle, je croi,
N'y doit, ma foi,
Oser crier plus fort que moi.

TOUTES.

Eh! mais, voyez donc
Quel est ce ton?
Quoi tout de bon,
Hors de saison,
Et sans raison
Souffrirons-nous qu'on nous querelle?
Nous faire la loi!
Eh! mais pourquoi?
Ici, je croi,
Nulle, ma foi,
Ne doit crier plus fort que moi.

HONORINE.

Mesdames, cessez ce tapage.
Est-il convenable entre vous:
Vous n'en feriez pas davantage
Si vous parliez à vos époux.

TOUTES.

Eh! mais, etc.

EMILIE.

A présent que nous voilà toutes les quatre ensemble cela va bien aller.

HONORINE.

Se conduire ainsi! des femmes entr'elles!

AIR: *de Molière à Lyon.*

Il faut savoir se respecter:
De nous, ne faisons point médire;
Car entre nous, nous emporter
C'est donner prise à la satyre.
Doit-il en coûter un effort
Toutes colères que nous sommes,
Entre nous demeurons d'accord
Pour donner un exemple aux hommes.

EMILIE.

Madame a raison: réservons notre courroux pour ces messieurs.

HONORINE.

Sachez d'ailleurs que nulle autre que moi n'a le droit de se fâcher dans cette maison.

TOUTES.

C'est un peu fort.

HONORINE.

Air du Maître d'Ecole.

Mesdames, vous aurez beau faire,
Et quelque soit votre motif,
Seule en ces lieux, de la colère,
J'ai le privilège exclusif.
Au tapage, toujours fidelle,
J'ai su, dans mainte occasion,
Mériter, en fait de querelle,
Un brevet d'invention.

LAURE.

Madame on peut encore venir après vous : chacune à son tour.

HONORINE.

Espérez-vous qu'Honorine abandonne ses droits ?

AIR : *J'ai vu partout dans mes voyages.*

Quoique je sois bien votre aînée,
Que je compte plus d'un printems,
Je suis loin d'être abandonnée,
Et je fixe les inconstans ;
Bien des gens aiment à me suivre ;
On chérit mes emportemens,
Et quoique difficile à vivre,
J'espère vivre encor longtems.

LAURE.

Nous ne vous en empêcherons certainement pas.

HONORINE.

Je le crois bien, et l'on sait qu'auprès d'Honorine, toutes les femmes colères d'aujourd'hui, ne se fâchent que pour rire.

LAURE (*en colère*).

Eh bien ! madame, que l'occasion s'en présente, et nous verrons.

HONORINE (*en colère*).

Eh bien, nous verrons.

EMILIE.

Allons, maintenant elles vont se disputer à qui sera la plus colère.

SCENE XI.

LES MÊMES, LA MARCHANDE DE MODES.

LA MARCHANDE DE MODES.

Madame Honorine n'est elle pas ici ?

HONORINE.

Ah ! c'est ma marchande de modes.

LAURE.

C'est la mienne.

EMILIE ET ROSE.

C'est la mienne aussi.

LA MARCHANDE DE MODES.

On m'a dit chez vous que vous étiez chez votre luthier, M. Cassandre, et je viens vous y chercher.

HONORINE.

Vous avez bien fait..... Dites-moi quels bonnets ont à présent la vogue

LA MARCHANDE DE MODES.

Madame, d'un moment à l'autre, cela change.

AIR : *Il faut quitter ce que j'adore.*

C'est une mode assez frivole,
A Paris, grâce au goût présent,
J'ai vu mes bonnets *à la Folle*
Enlevés dans un seul instant.
Vu la circonstance présente,
Pour faire ma cour aux maris,
J'en ai fait *à la Repentante :*
Beaucoup de femmes en ont pris.

HONORINE.

Cela n'a pas duré longtems.

LA MARCHANDE DE MODES.

Mais je ne suis pas toujours aussi heureuse dans mon débit.

AIR : *Daignez m'épargner le reste.*

Quoique mes talens soient vantés,
Hélas ! avec chagrin j'observe,
Qu'à mon magasin sont restés
Tous mes bonnets *à la Minerve.*
La mode fuit en arrivant :
Un rien l'amène, un rien l'emporte,
Et les bonnets, j'en suis garant,
Changent chez nous aussi souvent
Que la tête qui les porte.

HONORINE.

C'est bon, madame..... Avez-vous quelque chose de plus nouveau que vos bonnets à la Minerve ?

LA MARCHANDE DE MODES.

Je vous apporte des bonnets *à la Femme colère* : c'est une rage ; on ne voit plus que cela partout.

TOUTES.

Ah! voyons, que j'en essaye un.

HONORINE.

Mesdames, quand depuis dix ans, on abyme des chapeaux, je crois que l'on doit avoir la préférence.

LA Mde. de MODES.

Cela est juste et je commence par vous.

HONORINE (*prenant un bonnet*).

Mais cela ne m'ira pas.

LA Mde. de MODES.

AIR : *Pour m'enseigner des arts inutiles.*

Ah! rien ne va mieux je vous l'assure
Ce bonnet est d'un effet charmant,
Chacun des plis donne à la figure
Un air plus mutin, plus vif et plus piquant.

HONORINE (*se plaçant devant la glace*).

Essayons cela dans cette glace.

LAURE (*se mettant devant elle*).

A mon tour souffrez que je me place.

EMILIE (*même jeu*).

Faites place
Que je passe.

ROSE (*de même*).

Laissez-moi voir de grace.

TOUTES (*devant la glace*).

Tour à tour, mesdames, je vous prie,
Sur moi croyez-vous avoir le pas ?
Voyons si cela me rend jolie.
Devant un miroir femme ne cède pas.
» Voyons pourtant,
» En persistant,
» Si ce bonnet,
» Qu'on dit parfait,
» Me sied ou mal, ou bien ;
» S'il me convient.
» D'honneur il me déplait ;
» Comme il est fait :

» Tous

» Tous ces rubans divers
» Sont à l envers
» Et de travers.
» En vérité, c'est une horreur,
» Je suis coîfée à faire peur.
(Elle jètent toutes leur bonnet.)

TOUTES.

ENSEMBLE.

Si c'est là la mode que l'on aime,
Souvenez-vous qu'elle me déplait.
Rien ne me coîfa jamais de même :
Je n'ai jamais vu de plus vilain bonnet.

LA MARCHANDE DE MODES.

Ah! contre la mode, quel blasphème!
Pouvait-on trouver rien de mieux fait?
Dans ce moment, quel affront extrême
Pour les inventeurs d'un si joli bonnet.
(Arlequin et Colombine entrent.)

ARLEQUIN.

ENSEMBLE.

Ah! grands dieux! quelle colère extrême!
Pour un chiffon, leur fureur renait.
On voit qu'en jetant leur bonnet même,
Elles ont la tète bien près du bonnet.

COLOMBINE.

Ah! j'admire ton adresse extrême!
Combien un pareil tableau me plait!
En les regardant, j'apprends moi-même
Comment nous devons jeter notre bonnet.

SCENE XII.

LES MÈMES, ARLEQUIN ET COLOMBINE.

COLOMBINE.

Eh bien, tu me disais ces dames si douces!

ARLEQUIN.

Oh! ce n'est qu'un petit retour de naturel, cela va se passer.

LA MARCHANDE DE MODES.

Arranger ainsi mes bonnets, le fruit de mes veilles. C'est affreux, c'est abominable.

ARLEQUIN.

Allons, la marchande va se mettre en colère aussi.

LA MARCHANDE DE MODES.

Mais vous n'en ètes pas quittes, et je vais de ce pas porter les mémoires à vos maris.

TOUTES.

Eh bien, ils paieront. (*La marchande sort.*)

SCENE XIII.

LES PRÉCÉDENS, *excepté la Marchande de Modes.*

ARLEQUIN.

Ce sont toujours les maris qui payent.

HONORINE.

Ce monsieur Cassandre ne vient pas, sonnons-le.

TOUTES.

Oui, sonnons-le. (*Elles sonnent aux quatre coins du Théâtre.*)

ARLEQUIN.

Eh bien ! qu'est-ce que vous faites donc ?

HONORINE.

Je sonne pour avoir mon piano.

LAURE.

Moi, ma lyre.

ROSE.

Moi, ma guittarre.

EMILIE.

Moi, ma harpe.

COLOMBINE (*prenant une petite cloche sur la table*).

En ce cas-là, il faut que je sonne aussi, pour avoir mon tambour de basque.

ARLEQUIN.

Eh bien, mademoiselle !

COLOMBINE.

Tu es venu me dire que je devais imiter ces dames, et je les imite.

ARLEQUIN.

Ah, mon dieu ! je lui ai donné-là de jolis modèles.

SCENE XIV.

LES MÊMES, CASSANDRE.

CASSANDRE.

Qu'est-ce que c'est ? qu'est-ce que c'est ? Va-t-on briser jusqu'aux sonnettes.

TOUTES.

Nos instrumens de musique.

CASSANDRE.

Doucement, mesdames. On vous les apporte... Allons, Gilles, dépêche-toi.

GILLES.

Les voila, les voila.

TOUTES.

C'est bien heureux... Dépêchez-vous donc, dépêchez-vous donc.

SCENE XV.

LES MÊMES, GILLES.

(*On place les Instrumens.*)

TOUTES LES FEMMES ASSISES.

Voyons si je pourrai m'en servir.

CHOEUR.

AIR : *Ah ! quel scandal abominable.*

Mais, mesdames, taisez-vous donc ;
Laissez-moi donc prendre le ton
Un seul moment, au moins, daignez m'attendre.
Finissez-donc, je ne puis pas m'entendre.

ARLEQUIN, CASSANDRE.

Accordez-vous, (*Bis.*)
Et ne montrez point de courroux.

TOUTES.

Mais, entre nous,
J'ai tout autant de droits que vous.

ARLEQUIN (*prenant un Diapason*).

Mesdames, je vais vous donner le ton ; tâchez de ne pas le prendre trop haut.

(*Reprise.*)

TOUTES.

Ah ! c'est trop fort, (*Bis.*)
Je ne puis me mettre d'accord.

ARLEQUIN, CASSANDRE.

Ah ! c'est trop fort, (*Bis.*)
Rien ne peut les mettre d'accord.
Ah ! c'est trop fort. (*Bis.*)

GILLES.

Quel doux transport, (*Bis.*)
Rien ne peut les mettre d'accord.

(*Les quatre dames brisent les cordes de leurs instrumens, et Colombine crève son tambour de basque.*)

ARLEQUIN.

Allons, M. Cassandre, tâchez de les calmer.

CASSANDRE.

Ah ! mon ami, comment veux-tu que je tienne tête à quatre femmes, moi qui n'ai jamais pu tenir tête à la mienne... Mais je vais chercher quelqu'un qui saura les mettre à la raison... Suis-moi, Gilles.

ARLQUIN (*à Colombine*).

Venez, mademoiselle, je ne veux pas vous laisser un si manvais exemple devant les yeux.

(*Reprise du Chœur.*)

CASSANDRE.

Oui, c'est trop fort. (*Bis.*)
Je sors pour les mettre d'accord.

ARLEQUIN.

Ah ! c'est trop fort ! (*Bis.*)
Laissons-les se mettre d'accord.

GILLES

Ce sera fort (*Bis.*)
Si l'on peut les mettre d'accord.

LES FEMMES.

C'est faire un inutile effort,
Nous ne serons jamais d'accord.

SCENE XVI.

HONORINE, LAURE, ROSE, EMILIE.

HONORINE (*au milieu d'elles*).

Quel singulier évènement. Savez-vous, mesdames, que je vois beaucoup de rapports entre nous.

AIR : *T'es dans tes atours.* (De l'Amoureux de quinze ans).

Disputant,
Battant

LES FEMMES.

Moi d'même. (*Ter.*)

HONORINE.

Je suis d'une humeur extrême.

LES FEMMES.

Moi d'même. (*Bis.*)

HONORINE.

Toujours persistant
Dans mon système :
Pour rien m'emportant.....

LES FEMMES.

Moi de même.

HONORINE.

Je chasse servante et valets.

LES FEMMES.

Moi d'même.

HONORINE.

Je donne par jour dix soufflets.

LES FEMMES.

Moi d'même.

HONORINE.

Près de mon époux.....

LES FEMMES.

Et moi d'même.

HONORINE.

Cent fois en courroux.....

LES FEMMES.

Vraiment, moi d'même.

HONORINE.

Je l'aurais battu.

LES FEMMES.

Moi d'même.

HONORINE.

Et sans ma vertu.....

LES FEMMES.

Moi d'même.

HONORINE.

Ah ! je n'en saurais plus douter. Je suis au sein de ma famille.

LAURE.

En effet, on nous dirait un peu parentes.

TOUTES.

Embrassons-nous !

AIR : *ô Fontenai qu'embellissent les roses. (De Gentil Bernard).*

D'un tel accord, ô douceurs sans égales
Sans nul courroux et confondant leurs droits,
Vous allez voir s'embrasser des rivales
Regardez-bien c'est la première fois,

Quelle douce reconnaissance ! Mais si nous sommes parentes, je suis au moins votre sœur aînée. Je me fâche comme vous, plus que vous, et depuis plus long-tems que vous, écoutez-moi donc, et désormais ne sortons plus de notre caractère

TOUTES.

Jamais.

EMILIE.

Pas même avec nos maris.

HONORINE.

AIR : *du vaudeville d'Honorine.*

Mes goûts sont à peu près les vôtres
Et mes conseils doivent être suivis,
Faisons la volonté des autres
Toutes les fois qu'il sont de notre avis. (*bis*)
Pour peu qu'un mari nous chagrine,
Tout le jour montrons de l'humeur ;
Mais que le soir tout se termine
Par la bonté, par la douceur.

TOUTES.

Mais que le soir etc.

SCENE XVII et dernière.

LES PRÉCÉDENS, ARLEQUIN, COLOMBINE, CASSANDRE, GILLES ET LES TROIS MARIS

CASSANDRE (*aux maris*).

Entrez, entrez, messieurs. Ah ! ah ! mesdames, voilà vos maris.

GILLES.

Bon cela va s'échauffer.

LES FEMMES.

Nos maris ! Eh bien qu'ils viennent.

ARLEQUIN (*à Colombine*).

Vous allez voir mademoiselle, comme on met des femmes à la raison.

LES TROIS MARIS.

AIR : *Dépêchons dépêchons-nous.*

Corrigeons (*ter*) les,
Et sur nouveaux frais,
faisons tapage,
faisons rage.
Corrigeons (*ter*) les ;
Et faisons du bruit pour ramener la paix.

CASSANDRE.

Allons messieurs animez-vous un peu.

SAINVILLE.

Eh ! quoi mesdames nous recevrons donc toujours des plaintes nouvelles.

HYPPOLITE.

Votre marchande de modes vient nous faire payer vos folies.

EMILE.

Mais songez donc que la colère.....

HONORINE.

Eh bien, messieurs, après tout, quel mal y a-t-il à se fâcher un peu ?

AIR : *Toujours debout*, etc.

Ce défaut, toujours fort commode,
Est depuis long-tems à la mode
Chez les gens de tous les états ;
Chez les laides et chez les belles ;
Chez les garçons, les demoiselles.
Gens en colère, avec fracas,
Prennent tous les jours leurs ébats.
A l'Opéra, dans le haut style,
Je vois la *Colère d'Achille* ;
Nous voyons *Zing-Zing* au boulvard.
L'*Irato* se fâche à *Favart.*
Louvois a sa Femme Colère,
(*Qui depuis long-tems sait nous plaire*).
Les femmes même font du train
Jusqu'à la *Porte Saint-Martin.*
En voulez-vous plus : il nous reste
Aux Français, les *Fureurs d'Oreste.*
A *Montansier*, l'on voit, dit-on,
La *Colère de Jeanneton.*
Petit bourgeois, dans son ménage,
Le soir en rentrant, fait tapage.
On voit pester, de tems en tems,
Les maris contre les amans.

Le joueur, qui du gain s'écarte,
S'emporte là, contre une carte.
(*Le danseur peste* dans un bal ;)
Le plaideur, dans un tribunal.
Le ciel, souvent contre la terre,
Lui-même se met en colère.
Dans ce monde, où chacun se bat,
L'homme est né le jour du sabat ;
Ce qui prouve bien, je l'espère,
Que nous y venons pour en faire.
Et si tel est l'ordre des cieux,
Fâchons-nous-donc à qui mieux-mieux.

LES TROIS FEMMES.

Elle a raison, fâchons-nous.

LES MARIS.

Eh bien, mesdames, nous allons voir.

LES FEMMES.

Nous ne sommes plus dupes de vos feintes.

GILLES.

(*A part*, *aux maris.*) Allons, messieurs, les hommes doivent commander.

(*A part*, *aux femmes.*) Mesdames, ne cédez pas, les hommes doivent obéïr.

LES FEMMES ET LES MARIS.

Laisse-nous faire, laisse-nous faire.

Musique de Doche.

LES TROIS MARIS.

Craignez, redoutez mon courroux.

LES FEMMES.

Nous rions de votre courroux,
Et nous crierons plus fort que vous.

ARLEQUIN ET COLOMBINE.

Qu'une femme est laide en courroux.

GILLES ET CASSANDRE (*aux maris*).

Soutenez-bien ce grand courroux.

LES

LES FEMMES ET LES MARIS.

Vous tairez-vous ! vous tairez-vous !

CASSANDRE (*au milieu*).

« Ciel ! l'univers va-t-il donc se dissoudre. »

LES FEMMES ET LES MARIS.

Je n'en puis plus, asseyons-nous.

GILLES, CASSANDRE, ARLEQUIN ET COLOMBINE.

Asseyez-vous et calmez-vous.

LES FEMMES ET LES MARIS.

Asseyons-nous et calmons-nous.

(*Il tombent tous sur des fauteuils, ne pouvant plus parler*).

GILLES (*à Colombine*).

Quel domage, elles ne peuvent plus parler.

ARLEQUIN.

Ma bonne amie, vois combien la colère est à craindre pour les femmes, puisqu'elle leur ôte jusqu'à la parole.

COLOMBINE.

Ah ! mon ami. Je renonce à ce défaut, il a des suites trop fâcheuses.

GILLES.

Le beau calme.

CASSANDRE.

Depuis qu'on ne les entend plus, on commence à s'entendre.

ARLEQUIN.

Est-ce qu'elles vont rester muettes ?

CASSANDRE.

Impossible.

HYPPOLITE (*revenant à lui*).

Ah ! qu'un mari a de peine à crier plus haut que sa femme.

EMILE (*de même*).

Je renonce à ce genre de correction. C'est trop pénible, on n'y tiendrait pas long-tems.

ARLEQUIN.

Ecoutez donc, messieurs. Si tous les maris d'un quartier se donnaient le mot pour corriger leurs femmes en même tems, cela ferait un joli vacarme.

LAURE (*aux autres femmes*).

Je crois que nos maris ne disent plus rien..... (*Elle se lève.*) Ah! messieurs, puisque vous nous donnez les premiers l'exemple de la douceur, nous nous empressons de vous imiter. Croyez que nous ferons notre possible.....

GILLES.

C'est ça, ne jurons de rien.

ARLEQUIN.

Pour moi, je rends grâce à ces dames, puisqu'en se mettant bien colère, elles ont prouvé à Colombine combien ce défaut sied mal aux femmes.

CASSANDRE.

Tu peux maintenant l'épouser sans crainte, elle n'est plus colère, j'en réponds. Quant à ces dames...

TOUTES LES FEMMES.

Ah! nous vous promettons.....

ARLEQUIN.

Mesdames, ne promettez rien, et consultez seulement l'intérêt de vos charmes.

VAUDEVILLE.

ARLEQUIN.

Air du Sigisbé. (Tout doucement.)

Beautés qui voulez nous plaire,
Souvenez-vous que toujours,
Les transports de la colère,
Effarouchent les amours,

L'amour est d'humeur craintive ;
On l'éloigne en l'effrayant;
Quand chez nous on le captive,
C'est toujours tout doucement.

CASSANDRE.

Aux beaux jours de ma jeunesse,
Léger comme le plaisir ;
Rien auprès d'une maîtresse
Ne pouvait me retenir.
Maintenant avec les belles,
L'âge rend mon pas plus lent ;
Et quand je vais auprès d'elle,
C'est toujours tout doucement.

EMILIE.

La fable dit qu'à Cythère,
Vénus s'oubliant un jour
Aux transports de la colère ;
Se livra contre l'amour.
Vous que son malheur afflige,
Rassurez-vous, cependant
Lorsque Vénus le corrige,
C'est toujours tout doucement.

LAURE.

Prenant un essor sublime ;
Jadis maint auteur brillant,
Pour gravir la double cime,
S'élançaient rapidement ;
Mais de loin suivant leur trace,
Nos écrivains d'aprésent,
Sur le chemin du parnasse,
Vont hélas ! tout doucement.

ROSE.

On sait que le vaudeville,
Enfant d'un esprit malin ;
Aime à faire par la ville,
Courir un joyeux refrain ;
A l'attrait de la critique
S'il s'abandonne un instant.
Quand il fronde, et quand il pique,
C'est toujours tout doucement.

HONORINE (*au public*).

Si le bruit a su vous plaire,
Avec nous soyez d'accord ;
Et ne craignez pas d'en faire,
En applaudissant trop fort.
S'il vous déplait au contraire,
N'en faites pas maintenant ;
Et contre notre colère,
Fâchez-vous tout doucement.

FIN.

De l'Imprimerie de CAILLAT, rue Sainte-Foi,
N°. 374.

www.ingramcontent.com/pod-product-compliance
Ingram Content Group UK Ltd.
Pitfield, Milton Keynes, MK11 3LW, UK
UKHW021043180726
13838UKWH00004B/1977

9 782329 436166